CLINIQUE DES MALADIES MENTALES

Institut de Médecine légale et de Psychiatrie

DÉFINITION MÉDICO-LÉGALE DE L'ALIÉNÉ

par

M. le docteur ERNEST DUPRÉ

PROFESSEUR AGRÉGÉ DE LA FACULTÉ
MÉDECIN DES HOPITAUX

Leçon d'ouverture du Cours de Psychiatrie médico-légale

Extrait du « Bulletin Médical » du 17 février 1904

PARIS

IMPRIMERIE TYPOGRAPHIQUE JEAN GAINCHE

15, rue de Verneuil, 15

1904

DÉFINITION MÉDICO-LÉGALE

DE L'ALIÉNÉ

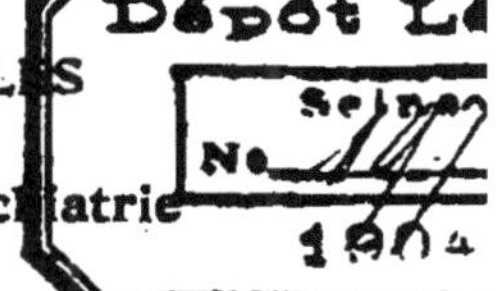

DÉFINITION MÉDICO-LÉGALE DE L'ALIÉNÉ

par

M. le docteur ERNEST DUPRÉ

PROFESSEUR AGRÉGÉ A LA FACULTÉ

MÉDECIN DES HOPITAUX

Leçon d'ouverture du Cours de Psychiatrie médico-légale

Extrait du « Bulletin Médical » du 17 février 1904

PARIS

IMPRIMERIE TYPOGRAPHIQUE JEAN GAINCHE

15, rue de Verneuil, 15

1904

DÉFINITION MÉDICO-LÉGALE
DE L'ALIÉNÉ

Messieurs,

La Psychiatrie médico-légale, que la Faculté m'a chargé d'exposer, cette année, aux élèves de l'Institut de médecine légale et de psychiatrie, consiste dans l'étude de l'application des connaissances psychiatriques à la solution des problèmes judiciaires et administratifs que soulève la pratique des aliénés.

Une telle étude ne peut être abordée que par des médecins, c'est-à-dire par ceux des hommes qui sont le mieux placés pour observer et connaître l'humanité ; par des médecins auxquels leurs études et les débuts de la profession ont déjà conféré une certaine maturité d'esprit, et ces qualités d'expérience et de jugement indispensables à qui veut aborder avec compétence et méditer avec profit ces grands problèmes de médecine légale et de sociologie. Il est également nécessaire, pour étudier les applications de la psychiatrie aux questions juridiques, de s'être au moins initié à la connaissance théorique et pratique des aliénés ; et cette initiation psychiatrique, prévue et assurée par nos maîtres les prof. Brouardel et Joffroy, dans l'enseignement de l'Institut médico-légal, vous l'avez reçue à cette école de clinique et de propédeutique mentale que, avec le concours de ses chefs de clinique, MM. les Drs Roy et Parant, le prof. Joffroy a voulu organiser pour vous à Sainte-Anne. Ainsi, lorsque, par la suite naturelle de votre scolarité médico-légale, vous seront ouvertes les portes de l'Infirmerie spéciale du Dépôt, vous serez complètement préparés à l'enseignement médico-légal pratique, que vous recevrez du Dr Paul Garnier, dans cette merveilleuse polyclinique psychiatrique où se succèdent sans relâche les types les plus curieux et les plus intéressants de l'aliénation mentale.

Messieurs, le domaine de la Médecine légale psychiatrique est très étendu ; et, si j'essayais de vous donner un aperçu, même général et sommaire, de la multiplicité et de la complexité des questions qu'il embrasse, je vous exposerais sans doute un programme d'études, où l'élévation philosophique des problèmes à méditer le dispute à l'intérêt pratique des questions à résoudre. Mais nous ne pouvons pas avoir, ici, de prétentions si hautes : notre temps est mesuré ; nous sommes, d'ailleurs, vous et moi, des hommes de pratique, et notre tâche, purement professionnelle et utilitaire, doit consister uniquement à étudier les cas dans lesquels l'aliéné, ou l'individu supposé tel, au cours de sa vie sociale et principalement à l'occasion de ses rapports avec les autorités administrative et judiciaire, relève de votre examen de médecin, de votre compétence de spécialiste et de votre jugement d'expert. Ces cas sont d'observation quotidienne : ils constituent, dans leur variété et leur fréquence, la source clinique inépuisable de nos études ; car c'est, non pas un type théorique de malade, plus ou moins conforme aux descriptions des traités, mais bien l'aliéné, vivant et agissant au sein de la société, l'aliéné aux prises avec son entourage familial et professionnel, qui sera l'unique objet de nos observations cliniques et de nos déductions médico-légales.

Messieurs, au début même des études que nous

devons poursuivre ensemble cette année, se pose natu-
rellement la question du plan de ces études. Dans quel
ordre allons-nous passer en revue, dans la série de ces
leçons, les questions si nombreuses et si différentes qui
s'imposent à notre attention et à notre examen? Ces
questions peuvent se grouper en trois grandes catégories, que résume le tableau suivant :

PSYCHIATRIE MÉDICO-LÉGALE

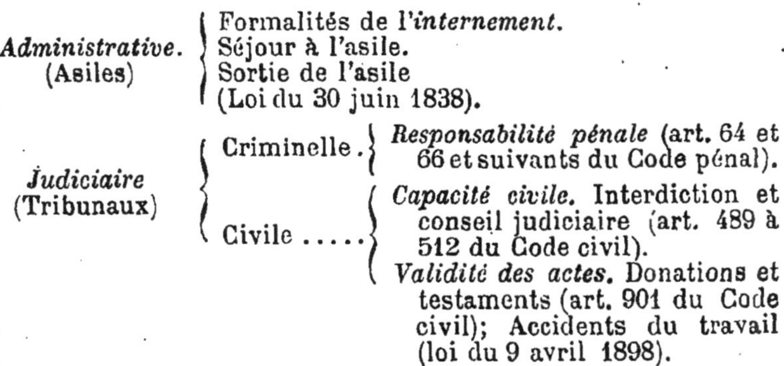

Administrative.
(Asiles)
- Formalités de l'*internement*.
- Séjour à l'asile.
- Sortie de l'asile
- (Loi du 30 juin 1838).

Judiciaire
(Tribunaux)
- Criminelle. *Responsabilité pénale* (art. 64 et 66 et suivants du Code pénal).
- Civile. *Capacité civile.* Interdiction et conseil judiciaire (art. 489 à 512 du Code civil). *Validité des actes.* Donations et testaments (art. 901 du Code civil); Accidents du travail (loi du 9 avril 1898).

Je n'entre pas, maintenant, dans le commentaire
explicatif de chacune de ces grandes divisions administrative, criminelle et civile de la psychiatrie médico-
légale, qui ont d'ailleurs entre elles d'intimes et fré-
quents rapports. La connexité des faits médico-juridi-
ques est, en effet, telle, que ces trois parties de notre
programme constituent une sorte de *trilogie médico-
légale* administrative, civile et criminelle, dont l'étude
d'ensemble s'impose à l'aliéniste et à l'expert, sous le
titre de psychiatrie médico-légale. Notre programme
étant maintenant exposé, dans quel ordre en aborde-
rons nous l'étude?

Pour procéder du simple au composé, des questions
faciles aux problèmes difficiles, nous commencerons
notre programme par l'exposé des grandes lignes

indispensables à connaître pour vous, de la médecine légale administrative, c'est-à-dire de cette partie de la médecine légale qui, traitant des rapports de l'aliéné avec les autorités administratives, étudie les applications de la loi de 1838 et le régime des aliénés dans les asiles où ils sont soignés. Nous sommes d'ailleurs, ici, à Sainte-Anne, dans le plus vaste des asiles parisiens, et il est logique de commencer nos études de médecine légale pratique par l'examen sommaire de l'organisation des asiles, du mécanisme de l'entrée, du séjour et de la sortie des malades, de manière à nous rendre compte du pourquoi et du comment nos malades entrent et vivent ici, dans l'Asile d'aliénés.

Après ce bref exposé de médecine légale administrative, j'aborderai l'étude, autrement difficile et intéressante de la médecine légale criminelle, qui comprend les faits où l'intervention de l'aliéniste-expert est le plus souvent sollicitée.

Je passerai ensuite à l'étude de la médecine légale judiciaire civile où, en raison de la multiplicité, de l'importance souvent, des intérêts en jeu et de la difficulté de l'appréciation scientifique des faits, le problème médico-légal atteint son plus haut degré de délicatesse et de complexité.

Messieurs, nous allons immédiatement entrer en matière; et, pour commencer par le commencement, c'est-à-dire par l'exposé sommaire de la médecine légale administrative, je vous ai dit, il y a un instant, que notre premier devoir était d'apprendre *pourquoi et comment les malades des asiles entrent et sont retenus dans les asiles.*

Comment ils y entrent? Je vous le dirai dans notre seconde leçon, qui sera consacrée à l'étude des *formalités de l'internement* dans les asiles privés ou publics.

Mais pourquoi y entrent-ils? Pour deux grandes raisons : 1° pour être traités, par l'*isolement,* de l'affection mentale qu'ils présentent; 2° pour être protégés, par l'*internement,* contre les conséquences sociales fâcheuses qui peuvent résulter, pour eux et pour autrui, de leur affection mentale. La première raison, d'ordre *médical,* répond aux *indications thérapeutiques* fondamentales de l'*isolement,* qui protège l'individu; la deuxième raison, d'ordre *juridique,* répond aux *nécessités administratives* impérieuses de l'*internement,* qui garantit la société. De ces deux mesures, l'isolement et l'internement, la première peut être prise par l'initiative privée et réalisée soit à domicile, soit dans un établissement hydrothérapique particulier; la seconde, celle de l'internement, nécessite l'intervention de l'Etat et ne peut être remplie que par la mise du malade sous le régime de la loi de 1838, dans une maison de santé, privée ou publique, spécialement consacrée aux aliénés, et placée sous la direction ou la surveillance de l'autorité gouvernementale.

Si l'isolement est une mesure purement médicale, s'adressant à de nombreux psychopathes, l'internement est une mesure à la fois médicale et administrative, qui ne s'adresse qu'aux aliénés.

Messieurs, en formulant devant vous ces propositions d'apparence si simple et si claire, j'ai l'air d'avoir répondu à la question formulée tout à l'heure en ces termes: pourquoi entre-t-on dans un asile d'aliénés? En réalité, je n'ai fait que poser un problème, et un des plus graves dont puisse se préoccuper l'esprit humain: *Qu'est-ce qu'un aliéné?*

S'il est une question préalable à toute étude médico-légale psychiatrique, c'est assurément celle dont je vous propose l'étude comme une introduction naturelle à ce cours, sous ce titre : *Définition de l'aliéné.*

Messieurs, chaque fois qu'on désire approfondir ou préciser le sens d'un mot, il est indispensable de remonter à l'origine linguistique de ce mot, et d'interroger l'étymologie. La curiosité des étymologies n'est pas, je le sais, très répandue dans les générations médicales présentes : mais j'estime que c'est dommage, car nous nous privons ainsi d'une source précieuse de renseignements. L'enquête étymotogique, principalement lorsqu'on l'applique aux termes médicaux, nous révèle souvent, dans le vieux langage de la médecine primitive, des merveilles de précision et de pittoresque. Rien n'est plus intéressant que l'étude des expressions spontanées, et, pour ainsi dire, instinctives, par lesquelles l'homme a traduit ses souffrances, ses malaises et ses inquiétudes, et qui semblent, parfois, avoir directement jailli du plus profond de notre sensibilité physique et morale. Les impressions primitives de nos ancêtres ont ainsi été déposées au cœur des vieux vocables, et ceux-ci, loin de mériter notre indifférence ou notre dédain, sont, au contraire, dignes de toute notre curiosité. J'aurai peut-être, au cours de ces leçons, plus d'une fois l'occasion de vous montrer qu'en s'attachant à l'histoire des mots, on approche souvent de plus près la vérité des choses.

Le mot *aliéné* vient de *alienus, étranger*. Étranger à quoi ? Étranger aux lois habituelles de la pensée, aux règles ordinaires de la conduite, étranger à la mentalité commune, source de nos actes en société. Alienus, étranger, vient de *alius, autre*, et cette étymologie montre la signification primitive et foncière du mot « aliéné ». L'aliéné est celui qui, par sa pensée, ses actes, sa conduite, se montre *autre* que ceux qui l'entourent.

Presque tout le monde est capable de constater et de juger le caractère exceptionnel et étrange de la conduite des sujets ainsi qualifiés d'aliénés : c'est pourquoi on peut dire que ce terme a un sens immédiat assez clair, qu'il vise une notion d'ordre pra-

tique, et qu'il reconnaît une origine plus populaire
que savante.

Dans l'aliéné, la société antique voyait une victime,
parfois un élu des dieux, et la société du moyen-âge
un possédé du diable. La société moderne, beaucoup
moins dégagée qu'on ne le suppose de ces supersti-
tions, éprouve vis-à-vis de l'aliéné un sentiment mixte
de pitié et de terreur, de commisération et d'effroi,
qui est comme le legs héréditaire, et, en tous cas,
l'équivalent des émotions de l'humanité primitive en
face de ce mal étrange de la folie, de ce mal si différent
des autres, qui transforme la personnalité, et qui,
comme pour confirmer le vieux dualisme des philo-
sophies spiritualistes, épargne le corps et trouble
l'âme; de ce mal qui, s'imposant à l'homme sans se
faire connaître de lui, s'empare de ses sens, de sa
volonté et de sa raison, et lui laisse d'autant plus l'illu-
sion de la liberté et de la puissance, qu'il l'asservit
et l'affaiblit davantage.

L'humanité a donc, au fond, toujours éprouvé, vis-à-
vis de l'aliénation mentale, le sentiment d'un mal
singulier, d'une gravité mystérieuse et d'une nature
fatale. Ce sentiment, né des croyances religieuses
et des tendances métaphysiques de la foule, a aussi sa
source dans l'émotion primordiale de la peur. Il représente la réaction naturelle de la société contre un
danger social. En face d'un aliéné, le sujet sain
d'esprit éprouve instinctivement le sentiment d'insé-
curité et la réaction de défense qu'éveille l'apparition
d'un étranger, d'un ennemi, qui aurait dénoncé tous
les traités.

La société peut, de ce point de vue, être assimilée à
un *organisme polypsychique*, dont la mentalité glo-
bale représente la synthèse des psychismes des indivi-
dus qui la composent. L'organisme social polypsychique, lorsqu'une de ses unités composantes, frappée

de maladie, menace de détruire ou seulement de compromettre l'équilibre de la santé générale, se sent, comme tout autre organisme, ému dans son instinct de conservation; il se produit alors en son sein une réaction automatique de défense, qui aboutit à l'isolement et à l'élimination de l'élément pathologique perturbateur. Cette réaction spontanée qui, en pathologie générale, se traduit par les processus d'enkystement ou d'élimination, aboutit en sociopathologie, à l'isolement et à l'internement de l'individu malade, ainsi soustrait, temporairement ou définitivement, à l'organisme social.

L'aliénation mentale apparaît ainsi, en même temps qu'une affection de l'individu, une maladie de la société. C'est pourquoi elle nécessite, outre une *thérapeutique individuelle*, une *thérapeutique sociale.*

De plus, il est apparu au bon sens public que l'aliéné se distingue des autres hommes, non seulement parce qu'il peut nuire aux autres, mais encore parce qu'il peut se nuire à lui-même. On a compris aussi que l'aliéné pouvait, du fait de la faiblesse de sa raison et des erreurs de son jugement, devenir maintes fois, par l'exploitation de sa personne ou de ses biens, par la méconnaissance de ses droits, la victime désarmée de la malignité, de l'injustice et de la cupidité de son entourage. On en a conclu que, si la société avait le droit de se protéger contre l'aliéné, elle avait, par contre, le devoir de défendre l'aliéné, d'abord contre lui-même et ensuite contre autrui.

Ce triple rôle de défense de la société contre l'aliéné, de l'aliéné contre lui-même et de l'aliéné contre autrui, c'est là, Messieurs, tout le programme de la médecine légale des aliénés.

L'aliéné a donc été reconnu, dès l'origine des sociétés, comme un individu dont les actes diffèrent de ceux des autres hommes par leur caractère étrange, insolite, non motivé, et par le danger qu'il présente de ce fait pour autrui et pour lui-même.

Remarquez, Messieurs, que toutes ces notions sur l'aliéné ont précédé, dans la conscience publique, la connaissance scientifique de l'aliénation mentale. La pratique a devancé ici, comme toujours en médecine, la théorie ; et les mesures de préservation sociale ont été prises par les juristes bien avant que les études cliniques positives sur les aliénés eussent été abordées par les médecins. Cette notion, d'ordre historique, a son intérêt pour nos études. Elle nous explique, d'abord, que le concept et le vocable d' « aliéné », très antérieurs à toute médecine mentale, relèvent bien plus de l'opinion populaire et de l'esprit juridique que de l'opinion savante et de l'esprit médical ; elle nous aide à comprendre ensuite pourquoi il a fallu et il faudra encore tant de temps et de peine à la médecine, pour prendre, vis-à-vis de l'opinion publique et dans la loi, la place qui lui revient dans le jugement et le traitement des aliénés.

Je n'ai pas le loisir, Messieurs, de vous retracer ici comment, par suite des progrès lents, mais continus, de l'esprit philosophique et des connaissances biologiques, le problème de la nature et des causes de la folie, passa peu à peu du domaine religieux et métaphysique dans le domaine scientifique et médical. Il a fallu bien des siècles pour la conquête, sur les préjugés et les erreurs, des vérités qui nous paraissent aujourd'hui les plus banales ; et il n'y a pas longtemps que les médecins, reprenant, d'ailleurs, la doctrine hippocratique qui avait déjà proclamé le siège cérébral du délire, ont renoncé à invoquer l'intervention maligne des dieux ou du démon, et ont rapporté à des troubles encéphaliques les différentes manifestations de la folie.

La question est maintenant jugée et les maladies de l'esprit nous appartiennent, aujourd'hui, comme celles du corps ; puisque, aussi bien, les unes et les autres ne sont que les expressions diverses des altérations de l'organisme. Cette vérité, qui paraît si évidente, date pourtant d'hier ; rappelons-nous, en effet, qu'au commencement du dernier siècle, l'illustre Kant, qui pourtant était médecin, déniait aux Facultés de médecine la compétence psychiatrique et renvoyait l'examen et le jugement des aliénés aux Facultés de philosophie ; rappelons-nous que, un peu plus tard, les aliénistes de l'Ecole psychologique allemande renvoyaient les mêmes malades à l'Eglise et aux Facultés de théologie ; et que, enfin, en 1840, Marc écrivait, comme introduction à son *Traité de la folie considérée dans ses rapports avec les questions médico-judiciaires*, un lumineux chapitre intitulé : « De la compétence médicale », qui n'est qu'un plaidoyer en faveur d'une cause que nous considérons, aujourd'hui, comme bien gagnée et que pourraient résumer ces quatre mots : *les aliénés aux aliénistes.*

Est-ce à dire, Messieurs, que l'aliéné ne relève ou ne doit relever maintenant que du médecin? Ce serait une grosse erreur que de le croire. Car si l'aliéné, comme malade, relève du médecin ; il relève, comme tout autre citoyen, des lois de son pays, et, à ce titre, des magistrats chargés d'appliquer ces lois. Or, la situation mentale de l'aliéné lui crée, vis-à-vis de ces magistrats, une situation légale toute spéciale. L'aliéné, lorsqu'il est déclaré tel par le médecin, bénéficie, en effet, comme un *mineur* d'espèce particulière, de dispositions légales introduites dans les Codes pour la défendre et le protéger. L'intervention du médecin, le plus souvent décisive il est vrai, n'a, cependant, qu'une vertu purement consultative ; elle est dépourvue de toute valeur exécutive ; cette dernière n'est conférée par la loi qu'au magistrat administratif ou judiciaire.

Cette *séparation des compétences et des pouvoirs* entre médecins et magistrats est essentielle à connaître,

comme le corollaire d'un des principes fondamentaux
de notre Droit public et, dans l'espèce, comme une
garantie de la liberté individuelle. Le médecin propose
et le magistrat dispose ; le représentant de la science
éclaire le problème et le représentant de la loi le
résout. C'est pourquoi le médecin d'asile public ou
privé est placé sous le contrôle de l'autorité, et pourquoi le médecin-expert est qualifié d'*auxiliaire de la
justice*. Tel est, Messieurs, en deux mots, l'esprit du
rôle médico-légal que joue, vis-à-vis des magistrats
administratifs et judiciaires, l'aliéniste, à la fois comme
médecin d'asile et comme médecin-expert.

La critique étymologique, historique et sociale du
concept général de l'aliéné nous permet, maintenant,
d'en donner la définition suivante :

*L'aliéné est un sujet qui, sous une influence mor-
bide, commet des actes étranges, non motivés pour
ceux qui l'observent, dangereux pour lui-même et
pour les autres et qui, de ce fait, est justiciable des
mesures de protection que lui assurent les lois, vis-
à-vis de lui-même et de la société.*

Si, le plus souvent, l'évidence de la nature morbide
des actes de l'aliéné s'impose, même au vulgaire, il
arrive cependant que de nombreux cas d'aliénation
mentale échappent, dans leur nature pathologique, à
l'appréciation du public, même le plus éclairé.

Dans ces cas, l'aliéniste est seul capable, en ratta-
chant à une affection psychique les mobiles des
actes, de reconnaître, chez un sujet, le caractère morbide de la conduite. N'en est-il pas de même, d'ailleurs,
dans les autres branches de la médecine, où les problèmes les plus délicats du diagnostic ne peuvent
guère être résolus que par les spécialistes compétents ?

Or, en médecine légale, l'intervention de l'aliéniste
expert ne se produit qu'à la requête de la défense d'un
prévenu, ou sur la demande des parties, au civil, et

sur la décision des magistrats: on peut donc dire que, en matière d'expertise psychiatrique, l'initiative de la décision appartient toujours au profane, et qu'elle implique, chez une personne foncièrement incompétente, la compétence suffisante pour soupçonner, au moins, l'existence d'une maladie mentale. Cette anomalie, inhérente à la législation de l'expertise, est un reste de l'ancienne conception de l'aliénation mentale, et ne disparaîtra que le jour où l'expertise sera rendue obligatoire dans la juridiction criminelle, ou bien lorsque les magistrats, principalement les magistrats instructeurs, auront reçu une éducation psychiatrique, au moins suffisante pour les mettre à l'abri de trop grosses erreurs. D'ici là, le nombre des aliénés méconnus et condamnés par les tribunaux continuera à démontrer le vice des dispositions législatives relatives à l'expertise psychiatrique en droit criminel.

Il nous reste, après avoir établi le *concept social et juridique de l'aliéné*, à en préciser maintenant le *concept scientifique et médical*.

L'aliéné ne se sépare ainsi, du commun des hommes, dans sa conduite, qu'en vertu d'une anomalie, congénitale ou acquise, définitive ou temporaire, anatomiquement saisissable ou insaisissable, de son organisation psychique. Or, un grand nombre de malades, étudiés par le psychiatre, n'ayant jamais commis un seul acte étrange, dangereux ou répréhensible, n'ayant jamais nécessité l'intervention des autorités administratives ou judiciaires, ne sont pas, par définition, des aliénés. N'ayant jamais relevé du magistrat, ne relevant que du médecin, ces malades ne diffèrent des aliénés que par les conséquences de leur affection mentale. Vous voyez, Messieurs, que la critique médicale aboutit aux mêmes conclusions que la critique historique et juridique : le concept d'aliéné est un

concept, non pas, à proprement parler, psychopatho-
logique, mais un *concept médico-légal.*

Tous les malades que l'aliéniste étudie, ici et au
dehors, sont des *psychopathes.* Parmi ces psychopathes,
il y a des *malades aliénés* et des *malades non aliénés.*
Parmi les aliénés, il y a des malades fort différents les
uns des autres, et c'est à l'étude analytique et détail-
lée des nombreuses variétés d'aliénation mentale, que
sera précisément consacrée la série de ces leçons.

La fréquence, la diversité, le caractère bizarre, im-
prévu, étonnant, des manifestations psychopathiques,
expliquent la richesse et la variété des termes, presque
tous d'origine populaire, par lesquels le langage cou-
rant a toujours désigné les malades de l'esprit. Il
n'entre pas dans notre programme d'aborder l'intéressante étude critique de cette terminologie savante ou
populaire. Permettez-moi, seulement, une remarque
incidente sur deux de ces termes, les plus fréquem·
ment employés, les termes de *fou* et de *dément.* Les
exigences du langage psychiatrique et médico-légal
commandent de proscrire le premier et de préciser le
second.

Le terme de *fou*, d'après son acception familière et
son étymologie (fou, fol, follet, etc., de *follis*, gonflé
de vent, léger et mobile comme l'air), s'applique aux
psychopathes excités, égarés, qui prouvent, par l'ab-
surdité de leurs propros et l'incohérence de leurs actes,
qu'ils ont perdu la notion de la réalité, le sens des
convenances et la direction de leur personne : le langage populaire distingue, parmi les fous, plusieurs
degrés et variétés : on est complètement fou, à
moitié fou, etc.; il est des folies douces, des folies
furieuses, des folies dangereuses ; on connaît la folie
des grandeurs, la folie de la persécution, etc. Le terme
de folie étant donc synonyme : tantôt de délire, tantôt
d'agitation, tantôt de confusion, tantôt de démence,

etc., ne comporte en lui-même aucun sens précis, et il faut le rejeter absolument de la langue psychiatrique scientifique.

Le terme de *dément* possède, au contraire, une signification psychiatrique spéciale et précise : il désigne le malade déchu qui présente de l'affaiblissement psychique plus ou moins prononcé, plus ou moins généralisé, plus ou moins progressif. En médecine légale, il a un sens bien plus général et devient synonyme d'aliéné. Nous aurons souvent l'occasion de revenir sur la distinction, que vous connaissez déjà, entre les acceptions médicale et juridique du terme de démence.

Messieurs, les *psychopathes* de la *Médecine mentale*, parmi lesquels se recrutent les *aliénés* de la *Médecine légale*, composent un monde tellement étendu, tellement complexe et tellement varié, qu'il est impossible de s'aventurer sans un plan général, sans un itinéraire méthodique, à travers des régions aussi accidentées et aussi mal connues. Ce plan général, c'est une classification. Si mauvaise et si fausse qu'elle soit, une classification a toujours atteint son but, si elle rend les services qu'on attend d'elle, c'est-à-dire si elle facilite le travail des chercheurs, ou si, dans une sphère plus modeste, elle éclaire quelque peu, pour les élèves, la pensée plus ou moins obscure du professeur.

Pour la commodité de l'exposition des faits, pour nous permettre de nous orienter plus facilement à travers les variétés innombrables des états psychopatiques, je vous propose donc de classer ceux-ci en quatre grandes familles, que nous étudierons successivement, pour retrouver et fixer au passage, dans chacune d'elles, les types d'aliénés qui intéressent le médecin légiste.

Le tableau suivant résume cette classification :

I. AGÉNÉSIES
(Encéphalopathies congénitales ou précoces)

Idiotie. — *Imbécilité.* — *Débilité mentale.*

II. DÉMENCES
(Encéphalopathies acquises)

Infectieuses et toxiques.... { Syphilis, pyrexies, etc.
Alcool, CO,CS^2, Pb, etc.
Morphine, cocaïne, etc.
Auto-intoxications, etc.

Organiques.............. { Méningo-encéphalopathies diffuses ou en foyers.
Sénilité.

Psycho-névrosiques....... { Epilepsie.
Chorée chronique.

Psychosiques............ { Psychoses dégénératives.
— périodiques.
— systématiques.
Manie et mélancolie chroniques.

III. DÉSÉQUILIBRES
(Etats dégénératifs permanents)

Accès maniaques ou mélancoliques simples des prédisposés.

Syndromes épisodiques de la dégénérescence mentale (obsessions, impulsions, phobies, perversions,etc.)

Folies du caractère........................ { Manie raisonnante
Folie morale.
Persécutés-persé-cuteurs.

Misère psychologique (psychopathes vicieux, délinquants, récidivistes, buveurs; vagabonds, mendiants, etc., etc.).

IV. DÉLIRES
(Troubles hallucinatoires et paranoïaques)

Délires aigus (syndrome maniaque et hallucinatoire [délires d'hôpital] et d'asile])............. { Névroses .... { Epilepsie.
Hystérie.
Chorée.

Intoxications .... { Alcool, etc.
Fièvres.
Encéphalopathies diverses.

Délires subaigus (confusion, onirisme, agitation, etc. [délires d'hôpital])............. { Infections.
Intoxications.
Affections viscérales.

Délires chroniques (para-noïas [délires d'asile]).} Psychoses systématiques .....{ Primitives ou secondaires.

1º Les *agénésies* comprennent, dans la variété de leurs degrés et de leurs formes, les insuffisances, congénitales ou précoces, du développement psychique : idiotie, imbécillité, débilité mentale.

2º Les *démences* comprennent tout la série des affaiblissements acquis, précoces ou tardifs, de l'intelligence, consécutifs aux psychoses et aux encéphalopathies organiques.

3º Les *déséquilibres* comprennent les innombrables modalités intellectuelles, affectives, morales et volontaires, de la dégénérescence mentale, avec leurs syndromes impulsifs, si variés et si riches en conséquences médico-légales. Dans cette classe peuvent rentrer les accès, isolés et non délirants, de manie et de mélancolie chez les simples prédisposés.

Les *délires* comprennent les formes psychopathiques de toute nature, que caractérisent les troubles hallucinatoires de l'activité psycho-sensorielle, et les troubles primitifs de l'activité intellectuelle, c'est-à-dire les déviations foncières du jugement et de la logique, désignées sous le nom de paranoïa ou de délire systématisé.

Quelle que soit la pathogénie, organique, toxique, infectieuse, névrosique, constitutionnelle, etc., de ces délires, ils doivent être étudiés par le médecin légiste, à l'état de syndromes, dominés, dans leurs conséquences, par la nature des *idées délirantes* ; celles-ci sont des idées : de persécution, de grandeur, de ruine, de négation, d'hypochondrie, de possession, d'auto-accusation, de mysticisme, d'érotisme, etc. Parmi toutes ces idées délirantes, les idées de persécution méritent, par leur fréquence et la gravité de leurs conséquences médico-légales, de retenir particulièrement l'attention du médecin-expert. . . . . .

De ces quatre classes de psychopathies, les deux premières (agénésies et démences) présentent ce grand caractère commun de l'insuffisance, congénitale ou acquise, du niveau psychique, de la diminution quantitative des facultés. Les deux dernières classes (déséquilibres et délires) ont ce trait commun qu'elles se spécifient plutôt par la déviation que par la diminution fonctionnelle; par l'absence de pondération et d'harmonie dans les différentes facultés, plutôt que par l'insuffisance de leur développement général : l'altération psychique est ici plus *qualitative* que *quantitative*.

Au point de vue évolutif, les deux premières classes (agénésies et démences) comprennent des états psychopathiques incurables, indéfiniment stationnaires, ou fatalement progressifs; les deux dernières classes (déséquilibres et délires) comprennent des processus psychopathiques extrêmement variés : les uns épisodiques, alternants, récidivants, polymorphes, curables, etc.; les autres, au contraire, constitutionnels, indéfiniment stationnaires ou très lentement progressifs, et foncièrement incurables.

Les transitions les plus insensibles, les affinités les plus étroites relient entre elles ces différentes classes psychopathiques : c'est ainsi que, d'un moment à l'autre, les membres des deux premières classes, les agénésiques et les déments, peuvent rentrer dans l'une des deux dernières : les débiles présentent souvent du déséquilibre psychique, des syndromes de dégénérescence mentale et des idées délirantes : les déments sont essentiellement aptes à l'éclosion de troubles hallucinatoires et délirants. Réciproquement, les malades de la première et des deux dernières classes, les agénésiques, les déséquilibrés et les délirants, versent souvent dans la seconde classe, en évoluant vers la démence. Je ne saurais donc vous mettre trop en garde contre le caractère artificiel et factice de ce groupement des états mentaux, que je ne vous propose ici que comme un guide provisoire, à travers le dédale des formes psychopathiques innombrables qui se présentent à l'étude du médecin légiste.

Si, pour préciser la caractéristique médicale de l'aliéné, nous cherchons, dans ce tableau général des états psychopathiques, quels sont, parmi tous ces malades, ceux qui répondent, pour le médecin, à la conception juridique et à la définition médico-légale de l'aliéné, nous trouverons, dans ces quatre classes de psychopathies, des malades essentiellement différents les uns des autres, mais tous justiciables de la qualification d'aliénés.

En effet, un grand nombre d'agénésiques sont des sujets manifestement incapables de vivre dans la société sans l'assistance continue et la protection attentive de leur entourage : tels les *idiots*; d'autres sont des sujets, non seulement incapables de vivre par eux-mêmes sans aide et assistance, mais susceptibles, si on cesse de les surveiller, d'actes répréhensibles et dangereux : tels les *imbéciles* et un grand nombre de *débiles*.

Parmi les déments existent beaucoup de malades que leur affaiblissement intellectuel condamne à une tutelle et à une surveillance continuelles, parce qu'ils sont devenus incapables de participer à la vie ordinaire. On doit les protéger contre eux-mêmes et contre autrui; on doit aussi protéger la société contre leurs actes, souvent dangereux. Tels sont les *paralytiques généraux*, les *cérébraux organiques intellectuellement affaiblis*, les *déments séniles*, les *psychopathes* devenus *déments*.

La classe des déséquilibrés comprend, à côté d'une foule de sujets capables de vivre au dehors et de remplir, dans la société, souvent avec éclat, un rôle utile, un grand nombre de malades qui deviennent momentanément aliénés, des sujets que des occasions étiologiques très variées précipitent dans un état d'aliénation temporaire, et qu'on doit alors soustraire à leur milieu et mettre sous la protection légale du régime de l'internement. Tels sont les prédisposés, subitement pris, pour une raison ou pour une autre, d'un *accès maniaque* ou *mélancolique*, tels sont certains *grands obsédés*, certains *pervertis sexuels*; tels sont surtout les *impulsifs*, parmi lesquels les kleptomanes, les pyromanes, les homicides, les suicides, les dipsomanes, etc., représentent des malades essentiellement dangereux pour la société et pour eux-mêmes. Tels sont les dégénérés, parmi lesquels les *maniaques raisonnants*, les *fous moraux*, les *persécutés-persécuteurs*; les *grands excentriques instables et agités*, aux actes désordonnés et incohérents; les *psychopathes vicieux et criminels*, délinquants récidivistes, déséquilibrés plus ou moins débiles qui louvoient sur les *frontières du crime et de la folie*; les *psychopathes alcoolisés*; enfin, tous ces cerveaux invalides, incomplètement et irrégulièrement développés, qui forment, avec les derniers malades énumérés, le contingent innombrable de ces *déshérités*, qui végètent tour à tour dans les asiles, dans les prisons, dans les refuges, les dépôts, les maisons d'assistance ou de répression, et cette immense population flottante, qu'une irrémédiable *misère psychologique* voue au *vagabondage*, à la *mendicité*, au *vice*, à l'*alcoolisme* et à toutes les *déchéances physiques et morales*.

La classe des délirants est celle qui compte le plus grand nombre de malades que leur état d'aliénation amène devant le médecin-légiste. Tous les *délirants chroniques* sont, au sens médico-légal du terme, des aliénés. Les *hallucinés* et les *paranoïaques* sont, par la nature même de leur affection, exposés à des réactions défensives ou agressives des plus dangereuses pour autrui et pour eux-mêmes; ils réclament, par conséquent, des mesures précoces et prolongées de sauvegarde et de protection qu'on ne peut appliquer qu'avec le régime de l'internement.

Les *délirants aigus*, avec agitation, inconscience, hallucinations multiples, impulsions violentes, que l'état d'aliénation relève d'une névrose comme l'épilepsie, ou d'une intoxication comme l'alcoolisme, doivent également être surveillés de si près, que le plus souvent leur place est à l'asile. Les *délirants subaigus* (délires toxiques ou infectieux, états de confusion mentale, etc.), souffrent bien d'un état d'*aliénation temporaire*, mais issu d'une affection, viscérale ou générale, qu'on peut soigner à l'hôpital ou à domicile : dans ces conditions, lorsque la crise psychopathique n'est ni trop violente, ni trop prolongée, et qu'il est possible de traiter le malade chez lui, ou dans une maison de santé hydrothérapique ou à l'hôpital, les délirants subaigus ne doivent pas être internés, et il est du devoir du médecin d'épargner au malade le transfert à l'asile, avec les regrettables conséquences qu'entraîne, dans l'état actuel des mœurs et des préjugés, l'internement pour le malade qui, une fois guéri, sort de l'asile.

On a très justement opposé ces délires accidentels, temporaires et curables, d'origine infectieuse ou toxique le plus souvent, sous le nom de *délires d'hôpital*, aux délires constitutionnels, prolongés, souvent incurables, qui constituent les *délires d'asile*. Régis, qui s'est particulièrement attaché à l'étude clinique et thérapeutique de ces délires d'hôpital, a judicieusement indiqué les mesures pratiques qui permettraient de recueillir et de soigner, dans les hôpitaux, ces délirants, aigus ou subaigus : des locaux spéciaux d'isolement, institués dans chaque hôpital à cet effet, suffiraient à épargner ainsi à beaucoup de ces aliénés temporaires l'entrée à l'asile, et démontreraient cette proposition médico-légale et thérapeutique qu'*un bon isolement permet souvent d'éviter un inutile et regrettable internement*. Je reviendrai plus tard, d'ailleurs, sur cette question, avec les développements qu'elle comporte; et, par des exemples, recueillis dans mon service de l'Hôtel-Dieu annexe, je vous démontrerai que je suis arrivé, grâce à la collaboration intelligente et dévouée de mes élèves et du personnel, à soigner à l'hôpital bien des psychopathes que leur état de confusion, de délire, d'agitation ou de démence aurait semblé condamner à l'internement.

Messieurs, si nous récapitulons les éléments essentiels de cette revue générale des cas d'aliénation mentale, vous voyez que je vous ai montré, pris à titre d'exemples dans les différentes catégories psychiatriques, des malades, agénésiques, déments, déséquilibrés ou délirants, capables de commettre des actes marqués, suivant les cas, au coin: soit de la *débilité mentale*, soit de la *perversité instinctive*, soit de l'*aboulie* ou de l'*impulsivité*, soit de l'*inconscience* ou du *délire* ; des malades susceptibles de tomber dans des *états d'inertie stupide* ou d'*agitation désordonnée* ; enfin, des malades exposés, par les *défectuosités congénitales de leur constitution mentale*, à entrer à *conflit* plus ou moins grave avec la Société.

Tous ces malades sont, parmi les psychopathes, des *aliénés*. Ils sont aliénés, parce que leur *état psychopathique* aboutit, *dans le domaine de l'action*, à des manifestations étrangères à la mentalité du groupe social, et *nuisibles à l'ordre public ou à la sûreté des personnes*.

En effet, si du domaine *médical* nous passons au domaine *juridique*, nous constatons que les aliénés, sous la poussée des influences pathologiques qui les dominent, peuvent parcourir *toute la série des infractions aux lois morales et pénales*, depuis la simple contravention aux règlements de police jusqu'aux plus monstrueux des crimes. Les attentats à la pudeur, à l'honneur, à la propriété et à la vie d'autrui sont chaque jour commis par des aliénés laissés en liberté ; on comprend donc que la société ait le droit et le devoir de prendre, vis-à-vis de malades aussi dangereux, des mesures de protection et de défense.

De plus, un grand nombre de ces aliénés sont capables, vis-à-vis d'eux mêmes, d'actes éminemment nuisibles : susceptibles de se mutiler, de se laisser mourir ou de se tuer, de livrer sans défense à leur entourage leur honneur, leurs intérêts, leur santé ou leur vie, ils méritent d'être défendus par la loi contre eux-mêmes.

De ce point de vue, les malades de nos deux premières classes, les agénésiques et les déments, peuvent être opposés, d'une manière générale, aux malades des deux dernières classes, les déséquilibrés et les délirants. Les premiers, caractérisés principalement par leur faiblesse mentale, leur insuffisance psychique, congénitale ou acquise, ont surtout besoin d'*assistance* et de *protection vis-à-vis d'eux-mêmes:* ces malades sont, avant tout, des *incapables*, destinés à vivre en marge et aux dépens de la société : ce sont moralement des *mineurs* et, pratiquement, des *extra-sociaux*. Les seconds, au contraire, les déséquilibrés et les délirants, vis-à-vis desquels s'imposent, le plus souvent, des *mesures défensives*, représentent des malades plus *dangereux* qu'incapables, et qui, moralement, sont des *nuisibles irresponsables*, et, pratiquement, des *antisociaux*.

La société remplit, précisément, dans l'internement des aliénés de toutes catégories, ces deux indications majeures : protection de la société contre un malade dangereux, protection du malade contre lui-même.

Messieurs, dans cette étude de la conception médico-légale de l'aliéné et des indications générales de

l'internement, examinées dans leur fondement juridique bien plutôt qne dans leurs indications médicales; dans cette étude d'où j'ai volontairement banni
toute érudition, toute bibliographie, toute citation
de textes ou d'auteurs, j'ai simplement voulu vous
présenter un exposé, schématique et sommaire, des
grandes divisions de la Psychiatrie médico-légale, et
inaugurer ces leçons par la définition générale de l'aliéné :
de cet être à plusieurs faces, qu'étudient avec des
méthodes et dans un esprit différents : législateurs,
magistrats et médecins. Si j'aï réussi à vous donner,
de l'entité administrative, judiciaire et médicale
qu'incarne, sous des aspects si divers, l'aliéné, une idée
suffisamment claire, j'aurai atteint mon but. Sinon,
je m'excuserai auprès de vous, en vous rappelant ce
mot si juste de je ne sais plus quel vieux commen-
tateur du moyen-âge : *obscuritate rerum sæpe verba
obscurantur* : l'obscurité des choses obscurcit maintes
fois le discours.

Paris. — Imp. Jean Gainche, 15, rue de Verneuil.

www.ingramcontent.com/pod-product-compliance
Ingram Content Group UK Ltd.
Pitfield, Milton Keynes, MK11 3LW, UK
UKHW021158230726
13926UKWH00001B/163